# Mensagens
## para o dia a dia

PAUL DEBESSE
(Organizador)

# Mensagens
## para o dia a dia
### Vitaminas de sabedoria

Paulinas

Título original da obra:
TRES MINUTOS DIARIOS PARA ESCUCHARTE
© San Pablo, Chile

Direção-geral: *Flávia Reginato*
Editora responsável: *Celina Weschenfelder*
Tradução: *Alípio Correia de Franca Neto*
Revisão: *Aníbal Mari*
Gerente de produção: *Felício Calegaro Neto*
Direção de arte: *Irma Cipriani*
Produção de arte: *Telma Custódio*

18ª edição – 2011
6ª reimpressão – 2022
Revisado conforme a nova ortografia.

*Nenhuma parte desta obra poderá ser reproduzida ou transmitida por qualquer forma e/ou quaisquer meios (eletrônico ou mecânico, incluindo fotocópia e gravação) ou arquivada em qualquer sistema ou banco de dados sem permissão escrita da Editora. Direitos reservados.*

**Paulinas**

Rua Dona Inácia Uchoa, 62
04110-020 – São Paulo – SP (Brasil)
Tel.: (11) 2125-3500
http://www.paulinas.com.br – editora@paulinas.com.br
Telemarketing e SAC: 0800-7010081
© Pia Sociedade Filhas de São Paulo – São Paulo, 1991

# Sumário

Apresentação ..................................7

I. É difícil amar ...............................11

II. Viver é buscar a liberdade............41

III. Compromisso com seriedade ........67

IV. O caminho mais difícil...............91

V. Os perigos da felicidade ...............147

VI. Nossa esperança de cada dia .....179

Despedida.........................................208

Índice temático................................211

# Apresentação

Estas *Mensagens para o dia a dia* podem parecer supérfluas num mundo em que somos bombardeados por informações de todos os lados. Na verdade, o desafio maior é escolher bem o que ler e ouvir, em que vale a pena prestar atenção, quando fazer silêncio e parar para refletir.

Numa cidade dos Estados Unidos foi aberta uma "escola do silêncio". De segunda a sexta, numa hora marcada, poderia se observar um grupo de senhores muito distintos se dirigir a um mesmo lugar, ocupando um salão inteiro. Era fácil reconhecer, entre eles, empresários, executivos, programadores, artistas, pessoas comuns e até padres.

Sentado num escritório amplo, um "professor", em absoluto silêncio, recebia-os com um aceno discreto. Terminado esse ritual, começava a aula que, com uma hora de duração, consistia em permanecer – os alunos e o professor – em completo silêncio.

O custo por "aluno" era de 50 dólares semanais. Terminada a aula, o professor os dispensava com um simples "Até amanhã". O êxito não tardou a chegar, pois não havia mais vagas que pudessem atender ao crescente número de pedidos. Na era da "poluição sonora", o silêncio vale ouro.

O recado por trás destas mensagens é que tanto eu como você temos de achar um tempo para aprender a "escutar o silêncio" e a nos escutar, sempre que possível, todos os dias. Dessa forma, iremos ingerir diariamente "vitaminas" que alimentarão todo o nosso ser.

Conta-se que um antigo sábio dizia que há tempo para tudo: para o trabalho e o repouso, para o pranto e o riso... Porém a nós, pessoas do mundo contemporâneo, esse ensinamento parece esquecido. Temos dificuldade em achar um momento, ainda que breve, para conhecer a nós mesmos. E, para avaliar melhor o problema, convém saber que a pessoa é tudo aquilo que é em seu interior, esse lugar em que, para muitos, deve ser espantoso.

Algumas vezes confundimos isolamento com solidão – a "grande solidão", como dizia o poeta austríaco Rainer Maria Rilke –, que deve ser alvo de nossa busca, possibilitando o encontro consigo mesmo, a descoberta de suas capacidades e o amadurecimento.

Deixo estas mensagens, selecionadas com simplicidade e confiança, em suas mãos. Ao fazer uso delas, estou certo de que você perderá o medo da solidão e do silêncio.

Minha maior satisfação será saber que você se convenceu de que o mais importante de tudo é a vida e que apenas a leitura de algumas mensagens diárias não é suficiente para o autoconhecimento. É preciso dedicarmos mais tempo a nós mesmos.

Comece por estas mensagens e verá que vale a pena!

# I. É difícil amar

*"O amor é a força mais potente
que o mundo possui
e, ao mesmo tempo,
a mais humilde
que se possa imaginar."*
Gandhi

# 1. Reinventar o amor

Cada geração deve dar
uma nova interpretação
ao verbo "amar", do mesmo modo
que uma mãe renova,
sempre com mais audácia,
o amor a cada filho que está por vir.
É necessário, sobretudo, reinventar
para nossa vida e nosso tempo
o sentido mais belo do verbo "amar",
que pode significar partilha,
caridade que provém de Deus,
para que ele não seja ofendido
e o ser humano não desespere
do amor que é a sua salvação.

RENÉ LAURENTIN

## 2. Amar é viver

Amar a Deus e ao próximo não é,
apenas, um ato de veneração
e de misericórdia que se acrescentou
às nossas preocupações individuais.
A própria vida, a vida digna
de suas aspirações, de suas batalhas,
de suas conquistas, para o cristão,
ou para alguém que aspira
à cristandade,
deve ser aceita com um espírito
de solidariedade
e de união que se manifesta
em meio aos seres humanos.

TEILHARD DE CHARDIN

# 3. Deus-amor

Trata-se de redescobrir Deus
em nossa vida,
embora alguns prefiram bani-lo
para "poupá-lo",
e outros encará-lo face a face,
apesar de a maioria ignorar
que ele está lá.
Deus-amor está presente
nas pessoas e no mundo,
assim como a seiva está na planta,
o fermento na massa, a vida no corpo;
nossa missão é reencontrá-lo, amá-lo,
lutar ao seu lado para libertar
o ser humano.
A nós cumpre revelá-lo.

MICHEL QUOIST

# 4. A intensidade do amor

Existem pobres em todos os lugares,
mas a pobreza maior
é a de não ser amado.
Os pobres a quem devemos buscar
podem viver perto ou longe.
Podem ser pobres de espírito
ou de matéria.
Não necessitamos realizar
feitos grandiosos
para provar um grande amor a Deus
e a nossos irmãos.
É a intensidade do amor
que colocamos em nossos gestos
que os faz formosos
ante os olhos de Deus.

MADRE TERESA DE CALCUTÁ

# 5. Fazer tudo com amor

Ame para fazer
aquilo que lhe apraz.
Ao calar, cale-se com amor.
Ao gritar, grite com amor.
Ao corrigir, corrija com amor.
Ao perdoar, perdoe com amor.
Que o amor seja
a raiz oculta de suas obras.

Santo Agostinho

# 6. O amor é criativo (I)

Se Deus cria,
o faz necessariamente porque é amor.
O amor não se enclausura
em si mesmo,
antes é engenhoso e criador.
É comunicativo e generoso.
Essa é a maneira com que Deus
nos questiona e espera nossa resposta.
O amor é gratuito.
Transcende os limites
do interesse mesquinho
e do desprezo frio, como nos certifica
o fato de termos sido primeiro
amados antes de amarmos.

René Laurentin

# 7. O amor é criativo (II)

O amor é solidariedade de Deus
a manifestar-se no centro
das relações humanas.
O amor aprende a adaptar-se ao outro
e a estabelecer a igualdade
entre os amigos,
ignorando classe social,
idade e distância...
Deus se fez detentor
de capacidades humanas.
Foi um de nós e experimentou,
conforme nossos limites,
seu amor infinito
vivendo como um homem
em meio aos pobres.

RENÉ LAURENTIN

# 8. O amor permanece

Aquele que ama...
é paciente e prestativo,
não é invejoso,
não presta muita atenção a si mesmo,
é reverente e não busca
proveito próprio,
esquece as ofensas e perdoa,
evita as injustiças,
alegra-se com a verdade,
sabe perdoar tudo
e suporta qualquer coisa,
confia em todos,
nunca perde a esperança.
Tudo acaba;
o amor permanece para sempre.

São Paulo

# 9. Paciência e amor

O amor faz parte da paciência.
Amor à vida.
Pois tudo o que é vivo
cresce lentamente, espera o seu tempo,
segue por muitos caminhos e atalhos.
Por isso precisa do amor
e só no amor confia.
Não tem mais amor à vida aquele
que perdeu a paciência.
É quando surge toda sorte
de imposturas e atritos,
a causar danos e rupturas.

Romano Guardini

# 10. Liberdade no amor

O amor que fracassa
quando não se vê correspondido
não é livre,
já que depende do amor de outro;
portanto, tem apenas interesse,
confundindo-se com o egoísmo.
Esse amor exige reciprocidade.
A generosidade desinteressada
atinge a sua plenitude
no amor aos nossos inimigos.
Por isso o perdão é um dom perfeito,
e nele brilha a liberdade do amor.
O amor aos nossos inimigos
é o ponto máximo do cristianismo.

F. VARILLON

# 11. Eu tinha fome... (I)

Eu tinha fome
e vocês fundaram uma associação
com fins humanitários
onde todos falavam sobre fome.
Eu estava na prisão
e vocês foram à igreja
orar por minha liberdade.
Quando me viram maltrapilho,
começaram a discutir em voz alta
sobre o perigo moral da nudez.
Quando adoeci,
vocês permaneceram ao meu redor
e agradeceram a Deus por terem saúde.

Poema cristão de Malawi

# 12. Eu tinha fome... (II)

Quando me puseram na rua,
vocês me falaram sobre as maravilhas
do amor de Deus por nós.
Vocês se disfarçam de pessoas boas
e de amigos de Deus,
mas eu continuo faminto,
e estou preso aqui, sozinho,
nu e doente.
Nunca saí da prisão.
Para onde poderia ir?
Lá fora eu morreria
nesta noite gelada...

POEMA CRISTÃO DE MALAWI

# 13. Amor é doação

Se você traz Deus em seu coração,
verá que nada pode fazer por ele,
pois seu amor não lhe tem serventia.
Ele é Onipotente e, quando você age,
isso em nada o altera.
Guarde tudo aquilo que você quer lhe dar.
Tome posse de tudo, imediatamente.
O que você pode fazer por ele?
Como é possível amar a Deus?
Amor é doação.
Mas o que lhe dar? E como fazê-lo?
Deus está encarnado
em seu semelhante,
para que você se aproxime dele
e lhe dê provas de seu amor.

SANTA CATARINA

# 14. Ser para os outros

Quero ser salvo e quero salvar.
Quero ser livre e libertar.
Quero ser criado e criar.
Quero ser purificado e purificar.
Quero estar unido e quero unir.
Quero escutar e quero falar.
Para quem observa, quero ser luz.
Para quem procura,
quero ser encontro.
Para quem anda, quero ser caminho.

D. R.

# 15. Amar quem está perto

É fácil amar quem vive longe de nós.
Mas é difícil amar
quem está ao nosso lado.
É mais fácil oferecer um prato de arroz
para matar a fome de um necessitado
do que consolar a solidão e a angústia
daquele que não se sente amado
dentro de nossa própria casa.

Madre Teresa de Calcutá

# 16. Amor e não violência

Se amamos a quem nos ama,
isso não é não violência.
Não violência é amar
a quem nos odeia.
Pondere sobre a dificuldade
de cumprir esta sublime lei do amor.
Se as coisas grandes e nobres
são difíceis,
o amor aos nossos inimigos
é a mais difícil de todas...

MAHATMA GANDHI

# 17. Ser amado

Em amar e ser amado
reside todo o valor da vida.
Ser odiado, ser a "ovelha negra",
torna a vida impossível.
Estar privado de todo afeto
significa perder a razão de viver.
Dizia Aristóteles:
"Ninguém deseja viver sem amigos,
ainda que possua todos
os bens materiais".

RENÉ LAURENTIN

# 18. Homem e mulher

Se é verdade
que o homem e a mulher
devem se unir perante Deus
quando se amam mutuamente,
também é verdadeiro que,
quanto mais estiverem
próximos a Deus,
mais capacitados estarão
para se amar de maneira mais bela.

TEILHARD DE CHARDIN

# 19. Estar provido de amor

Apenas é possível vencer o egoísmo,
que faz tantas vítimas,
quando estamos providos de amor
e capacitados para dar a vida
pelos indefesos e injustiçados.
Não vencemos o egoísmo
senão redescobrindo
o valor de cada ser humano,
como Jesus, que deu a vida por nós.

VICTOR BACHELET

# 20. O compromisso de amar

Dez mil palavras
precedem a palavra *amor*,
mas nenhuma a pode seguir.
Para a pessoa
que a pronunciou uma vez,
não há outra saída
senão repeti-la para sempre.

JACQUES LACORDAIRE

# 21. Amar os irmãos

Não se espantem, irmãos,
com o ódio do mundo,
pois, quando amamos nossos irmãos,
temos a prova de ter passado
da morte para a vida.
Aquele que não pode amar
está quase morto.
Aquele que odeia seu irmão
é um criminoso,
e, como todos sabem,
no criminoso não habita
a vida eterna.

São João

## 22. Unidos venceremos

A necessidade de convivência
nessa grande casa que é o mundo,
exige que derrubemos
os muros e paredes
que nos separam dos vizinhos
para obtermos uma
fraternidade universal.
Se não soubermos viver
todos juntos como irmãos,
pereceremos juntos como idiotas.

MARTIN LUTHER KING

## 23. Solidão e amor

Em algum período de nossa vida experimentamos de maneira profunda e dolorosa o problema da solidão.
Mas logo o superamos, definitivamente.
Eu o superei, mas não por ter tido ao meu lado muitas pessoas;
ao contrário – não tenho ninguém.
E mesmo assim sou feliz,
estando sozinha ou acompanhada.
Nunca estamos realmente sozinhos.
Precisamos de alguém que more dentro de nós, não apenas o nosso "eu", mas também o amor.
É o nosso "eu" que nos faz sentir a solidão, pois não estamos preparados para ela, mas sim para viver no Amor.

ANNIE CAGIATI

# 24. Armadilhas do amor

Todas as pessoas desejam
ser amadas pelo que são.
Caso contrário,
preferem não ser amadas.
Certas práticas de caridade,
sem que sejam acompanhadas
do amor pelas pessoas a quem
beneficiam, comprovam essa afirmação.
Temos de desfazer essa armadilha
e denunciar todo tipo de falsidade,
pois Jesus nunca defendeu esse
absurdo, que se traduz claramente
nesta expressão:
"Meu Deus é minha vida;
o resto não me importa".

RENÉ LAURENTIN

## 25. Busca de Deus

Bem tarde te amei, beleza antiga
e ainda tão nova; bem tarde!
E sei que tu estavas sempre dentro de mim.
Eu te buscava lá fora; e, horrível
como eu era, precipitava-me sobre as
formosuras que tu criaste.
Tu estavas comigo,
mas eu não estava contigo.
Tu chamaste e clamaste,
pondo fim a minha surdez.
Tu brilhaste e resplandeceste,
clareando minha cegueira.
Tu exalaste teu perfume
e eu respirei, suspirando por ti.
Tu me tocaste
e nos demos as mãos em paz.

SANTO AGOSTINHO

# 26. O fardo do amor

No momento da morte,
não seremos julgados
pela quantidade de trabalho
que tenhamos realizado,
mas pela quantidade de amor
que colocamos em nossos atos.
Esse amor deve ter sua origem
no autossacrifício.

MADRE TERESA DE CALCUTÁ

# 27. Valor da vida

Não pergunte
o que você pode levar da vida,
mas sim
o que você pode dar a ela.

VICTOR FRANKL

## 28. Amor e verdade

Desconfie de um amor negligente;
de um amor que não
ousa falar a verdade;
de um amor incapaz de censurar.
Ele não é autêntico
e, para o Altíssimo,
é apenas cumplicidade.

Paul Debesse

# II. Viver é buscar a liberdade

*"É para a liberdade
que Cristo nos libertou.
Ficai firmes e não vos deixeis
amarrar de novo
ao jugo da escravidão."*

(Gl 5,1)

# 29. A vida tem sentido?

Qual o verdadeiro sentido
de toda vida?
Responder a isso significa
ser uma pessoa religiosa.
Mas se alguém objetar
quanto ao sentido dessa pergunta,
eu lhe responderei que se pensa
que sua própria vida
e a de seus semelhantes
precisam de sentido,
não é somente infeliz,
mas também está condenado
a viver sem resposta.

ALBERT EINSTEIN

# 30. O que é a vida

Afirmo que a vida não é triste, mas alegre;
o mundo não é um deserto, mas um jardim;
o ser humano não nasce para sofrer,
mas para rejubilar;
a finalidade de nossa vida
não é a morte, mas a vida.
Para alguns, a vida é apenas
uma evolução contínua da matéria...
Cremos que o princípio de tudo
está em Deus;
Deus é o poder supremo
e a infinita bondade.
Eu sou obra de suas mãos.
Ele é o responsável por minha vida.
Ele é o autor de tudo o que existe em mim.
Quando se encara a vida dessa forma,
a visão muda imediatamente.

ALBERTO HURTADO

# 31. Um contínuo sim à vida

Aposte e diga sim,
e busque algum sentido.
Repita o sim
e tudo se encherá de sentido.
Se assim tudo tem sentido,
que opção melhor que um sim?

DAG HAMMARSKJÜLD

## 32. Dirigir a vida

A vida tem seu termo; portanto,
é preciso dirigir a vida
para que um dia você possa,
verdadeiramente,
atingir um alto grau de espiritualidade,
mesmo à custa do maior esforço.

TEILHARD DE CHARDIN

## 33. A vida interior

Certamente você continuará pobre,
enquanto não aprender
que se enxerga melhor
de olhos fechados!
Certamente você permanecerá ingênuo,
enquanto não aprender que calado
se lucra muito mais
do que desperdiçando palavras.
Você continuará incapaz
enquanto não entender que,
com as mãos juntas,
pode trabalhar melhor,
sem agitá-las em revolta.

Dom Helder Camara

# 34. Viver sem repouso

O cansaço foi sempre
mais amigo do sono
que da missão de seguir.
Viva, viva sem trégua
para que você
se encontre cansado
no instante de partir.

EDUARDO LECOURT

# 35. Falar sobre a vida (I)

Somente Deus sabe
o que cada um traz dentro de si.
Mas cada um de nós
pode intuir a mensagem
que nos revela a obra a ser realizada.
E tudo ocorre
como um lamento interior,
como um fogo queimando,
como um grão que germina,
como uma lareira que
de súbito se ateia,
ou como a subida
a um barco prestes a partir.

Luis Lebret

# 36. Falar sobre a vida (II)

Não temos meios de conhecer o futuro;
o adivinhamos, o deduzimos a partir do
que sabemos, de tudo o que tivermos
feito, de nossas convicções acerca do
mundo, do auxílio que recebemos das
pessoas, das derrotas que sofremos,
dos êxitos alcançados,
das capacidades desenvolvidas,
da nossa fé, da nossa esperança
e de nosso imenso amor.
E compreendemos que não recebemos
a vida, a natureza, a ciência, a
amizade, nem a graça para dissipá-las,
transgredi-las, assassiná-las,
gozá-las egoisticamente,
sozinhos ou com poucos.

Luís Lebret

## 37. Falar sobre a vida (III)

Sabemos que devemos testemunhar,
clarear nossos caminhos,
dar vazão a um movimento,
desabafar num grito,
distribuir gentilezas,
vivificar um dom e revelar um ideal.
Contudo, não sabemos bem
como realizar tudo isso.
Temos, sim, nossa vontade e nossas
qualidades, às vezes nosso propósito;
porém, diante de nós se estende
o desconhecido, os obstáculos,
as armadilhas, as frustrações.
Não importa; a condição é a mesma
para todos, e esperamos muito que a
obra se realize, passo a passo, dia a dia.

LUÍS LEBRET

# 38. Viver o presente

Não se preocupem demais
com o amanhã;
não se inclinem demais
para ver o futuro até
"escorregarem" na vida.
Permaneçam de pé firme no presente,
e se ocupem do agora,
que é a parte que lhes cabe.
Cada dever cumprido hoje
é a semente que brotará amanhã.

ALFONSO GRATRY

# 39. Medo da verdade

Falta amor a quem tem medo da verdade.
Mas isso não acontece a quem é capaz
de olhar o próximo, estimá-lo pelo que
é e continuar a amá-lo...
A experiência afirma ser mais difícil
amar a realidade do que a ilusão.
E isso nos faz concluir que,
não sendo capazes de uma entrega
total, desconfiamos do amor alheio.
Porque aquele que crê no amor
não tem, absolutamente,
medo da verdade.
Não necessita de exibição, de sucesso,
nem usa uma máscara.
É totalmente livre para ser ele mesmo.

ANNIE CAGIATI

# 40. Não temer a verdade

Não tenha medo da verdade,
porque, apesar de doer
e de parecer difícil aceitá-la,
ela continua sendo autêntica.
Você nasceu para ela.
Caminhe ao seu encontro,
converse com ela, ame-a,
pois não há no mundo
melhor amiga e irmã.

DOM HELDER CAMARA

# 41. Sinceridade

A palavra sincera se faz
cada dia mais necessária.
Isso vale para todo tipo de relação,
e principalmente para aquelas
nas quais residem
os grandes valores da vida:
a amizade, a solidariedade no trabalho,
o amor, o matrimônio e a família.
Os tipos de comunidade que
pretendem se desenvolver e crescer
para se tornarem fecundos,
devem integrar-se cada vez mais
com pureza e conviver com mais
solidariedade para que não fracassem.
Toda mentira destrói uma comunidade.

ROMANO GUARDINI

# 42. A lealdade no dia a dia

Com suas próprias ações
o ser humano constrói a si mesmo.
Ter sido leal por toda a vida
significa forjar o próprio caráter.
Sem essa lealdade,
qualquer ousadia é "fogo de palha";
e os perigos que temos de correr por
Cristo não são passageiros.

FREI ROGER DE TAIZÉ

# 43. Liberdade e dever

Os grilhões que nos prendem
devem servir para nos posicionar
perante as nossas obrigações,
indicando-nos tarefas capazes
de nos pôr à prova.
Ser livre ou não
é um estado de espírito,
pois não são cadeias
que nos fazem prisioneiros.

H. Thielicke

# 44. Aceitação de si

Quantos dissimulam
a fazer uso de subterfúgios e mentiras,
não nos permitindo ver, infelizmente,
aquilo que realmente são!
Quantos se irritam
quando lhes apontamos os defeitos,
e também desanimam
quando alguma coisa sai errada!
O princípio de todo esforço reside
em aceitar o que verdadeiramente
somos, com todos os nossos defeitos.
Só posso agir com seriedade
se reflito sinceramente sobre os
meus defeitos para poder iniciar meu
trabalho de superação.

Romano Guardini

# 45. A verdade e o medo

A verdade sempre causa medo:
tanto a minha, que devo aceitar,
quanto a do outro,
que devo comunicar
e não o faço por covardia.
Ninguém de nós quer revelar-se,
e a verdade nos expõe,
nos coloca despidos
um diante do outro.

ANNIE CAGIATI DE LUBAC

# 46. A procura da verdade

Ajudemos as pessoas
a aceitar a verdade.
Quem não a aceita
torna-se inacessível e mesquinho.
É importante ajudar as pessoas
não somente a aceitarem a verdade,
mas também a buscá-la.

Annie Cagiati de Lubac

# 47. Salvar a liberdade

Não basta amar a liberdade.
Ela precisa mais do que isso:
é preciso salvá-la.
E há de ser salva
principalmente em nosso coração...
Nossa liberdade é uma realidade viva
e permanente que nossos pais
enxergaram
com seus próprios olhos,
tocaram com suas mãos,
amaram com seus corações,
regaram com o suor de seus rostos
e com seu sangue.

GEORGES BERNANOS

# 48. O preço da liberdade

Nossos campos e cidades,
nossos edifícios imponentes
e nossas igrejas não são somente
o símbolo de nossa liberdade,
mas são a nossa própria liberdade.
E dela teremos de prestar conta só
para Deus...
O mundo será salvo por pessoas livres.
O pensamento livre custa muito caro;
em alguns países, não tem preço,
porque seu preço é a própria vida.

GEORGES BERNANOS

# 49. Exigências e liberdade

A liberdade, paradoxalmente,
não se pode sustentar
senão por meio de uma disciplina.
A liberdade tem suas exigências,
como o amor tem suas leis.
As pessoas realmente livres
e que amam,
submetem-se espontaneamente
às exigências interiores
do amor e da liberdade.

F. Varillon

# 50. A verdadeira libertação (I)

Levantemos com ambas as mãos
a bandeira da libertação!
Libertação do egoísmo
e das consequências do egoísmo!
Libertação dos mecanismos
de escravidão!
Libertação das guerras!
Libertação de qualquer
tipo de racismo!
Libertação da miséria,
que é a pior e a mais sangrenta
de todas as guerras!

DOM HELDER CAMARA

# 51. A verdadeira libertação (II)

Uma libertação como a que realizou
Moisés, cujas mãos foram guiadas por
Deus para iluminar com esplendor
a história sagrada:
a libertação do povo de Deus
da escravidão dos faraós!
Libertação como a que realizou
Jesus crucificado,
para que não existissem pessoas
maiores nem menores,
mas simplesmente pessoas,
filhas do mesmo Pai,
irmãos pelo sangue redentor,
conduzidos pelo espírito de Deus!

Dom Helder Camara

# 52. Liberdade para amar

Para que você liberte a si mesmo,
construa uma ponte
para além do abismo da sociedade
que o seu egoísmo criou.
Procure escutar alguém e, sobretudo,
cuide em se esforçar para amar alguém
em vez de amar somente a si mesmo...

Dom Helder Camara

## 53. Livre para libertar

Sair de si: só liberta os outros e o
mundo aquele que primeiro
libertou a si mesmo.
Compreender: ser tudo para todos,
sem perder a personalidade,
pois é possível avaliar o que significa
não amar ninguém e não ser amado.
Tomar para si: aceitar o destino, a dor,
a alegria, as tarefas dos outros.
Dar: doar-se aos outros por
pura gratuidade.
Ser fiel: a consagração à pessoa,
ao amor e à amizade apenas
são perfeitas na continuidade.
A fidelidade pessoal
é uma fidelidade criadora.

EDUARD MOUNIER

# III. Compromisso com seriedade

*"Quando alguém viu,
ao menos uma vez,
o resplendor da felicidade
no rosto de uma pessoa querida,
é certo que para ela
não pode haver outra vocação
senão a de suscitar essa luz
nos rostos daqueles que o rodeiam."*

A. Camus

## 54. Amizade verdadeira

A amizade autêntica,
como uma prática,
nos prepara para o amor legítimo,
sem interesses.
A você não será pedido,
em nome do amor de Cristo,
que se afaste do amor
daquele que está ao seu lado,
nem que você perca seus amigos.
A amizade pura e honesta
é bela demais para ser destruída
ou esquecida...
Ao contrário, mesmo transformando-a
e purificando-a, façamo-la crescer
no amor de Cristo que reúne
todos os ideais de amizade.

RENÉ LAURENTIN

# 55. Aceitar Cristo

Sejamos as genuínas e fecundas
videiras da vida por Cristo,
aceitando-o em nossa existência
da maneira com que ele se nos revela:
como verdade, que há de ser descoberta,
como vida, que há de sobreviver,
como luz, que há de iluminar,
como amor, que há de se espalhar,
como caminho, que deve ser percorrido,
como alegria, que será comunicada,
como paz, que pousará no mundo,
como sacrifício, que há de ser oferecido:
em nossas famílias e
com nossos vizinhos,
com quem está perto ou longe de nós.

MADRE TERESA DE CALCUTÁ

# 56. Progresso humano (I)

O progresso do mundo,
e especialmente da humanidade,
não é prova da capacidade
do homem a Deus,
tampouco desperdício do esforço
que lhe dispensamos.
Quanto maior for o ser humano,
tanto mais unida estará a humanidade,
consciente e senhora de sua força,
tanto mais bela será a Criação,
mais perfeita a contemplação
e com maior facilidade
encontraremos a Cristo que
– para fazer uso de uma afirmação
de teor místico –
teve o corpo digno de ressurreição.

TEILHARD DE CHARDIN

# 57. Progresso humano (II)

O Cometa esperado pelo mundo,
mesmo sem saber que nome
lhe será dado,
sem poder apreciar
a sua real magnitude,
sem lhe divisar os mais espiritualizados,
mais abençoados de seus raios,
é o próprio Cristo,
a quem todos nós esperamos...
Por que, pois, "homens de pouca fé",
temermos ou abominarmos
o progresso do mundo?

TEILHARD DE CHARDIN

# 58. Abrir as portas a Cristo

Não tenham medo!
Vamos abrir,
escancarar as portas a Cristo!
Libertar o seu poder salvador!
Abram as portas dos Estados,
dos sistemas econômicos e políticos,
dos setores da cultura,
da civilização e do desenvolvimento!

JOÃO PAULO II

# 59. A vinda do Salvador

Nossa época, mais que todas as outras,
precisa de um salvador.
Mesmo ignorando isso,
as pessoas clamam por ele.
Cristãos, nós sabemos
que esse salvador é nosso amigo,
que somos seus irmãos
e que Deus é nosso Pai.
Só como filhos e irmãos
poderemos reconhecê-lo,
caso ele se encontre entre nós.

MICHEL QUOIST

# 60. Ele escolheu ser pobre

Ele veio à terra para salvar
a todos nós, ricos e pobres.
Podendo nascer em qualquer época,
ele nasceu num tempo de poder e de riqueza.
Ele, que podia, com sua inteligência
divina, viver sua existência santa
e ao mesmo tempo brilhante...
o que escolheu?
Salvar ricos e pobres,
sendo o mais pobre dos pobres.
E se assim escolheu,
soube muito bem o que fez.
Quis ser pobre porque sabia que,
para ser aceito entre os pobres,
deveria parecer-se com eles,
compartilhar suas dores;
e que, para ser respeitado pelos ricos,
não era preciso parecer-se com eles.

ABBÉ PIERRE

# 61. Paz na terra

Quando escuto a oração:
"Glória a Deus e paz na terra",
pergunto-me onde se encontra
atualmente a paz sobre a terra.
Enquanto a paz continuar a ser
uma fome insaciável,
e enquanto não tivermos
extirpado a violência
de nossa civilização,
o Cristo não nascerá...

GANDHI

# 62. A comunhão salvadora

Nós todos conhecemos a miséria da
fome, da morte prematura de crianças,
enfim, de tudo o que contribui
para a estagnação do mundo.
A essa miséria da massa humana
só podemos responder
com uma nova comunhão...
A riqueza cumulada faz com que
os pobres continuem a ser pobres
e os ricos continuem sozinhos...
Mas esperamos a igualdade que garantirá
a todos um lugar numa mesma mesa.
O Messias só chegará
quando todos os convidados
estiverem sentados à mesa...
Por que isso não acontece?

JÜRGEN MOLTMANN

# 63. Um livro diferente

Os Evangelhos foram escritos para ser
o livro de nossa vida,
nunca totalmente compreendido, é verdade,
mas feito para nos acercarmos dele.
Não foram escritos apenas para
serem lidos, mas para serem acolhidos
dentro de nós.
Cada uma de suas palavras
transmite espiritualidade e vida...
As palavras dos livros humanos
são compreendidas e respeitadas por nós.
As palavras dos Evangelhos
são experimentadas e sofridas.
As palavras dos livros nós as entendemos.
As palavras dos Evangelhos
nos questionam e transformam.

MADELEINE DELBRÊL

# 64. O quinto evangelho

Os Evangelhos,
na verdade, são cinco,
e o quinto é como um livro
que o Senhor deixou inacabado.
Esse é escrito por todos nós
com as obras que realizamos,
e cada geração
lhe acrescenta um capítulo.

Mano Pomilio

## 65. Fermento novo

Descobri que pode haver
uma grande satisfação no trabalho
anônimo em favor do bem comum;
ele é como um fermento,
como um remédio que atua
sem que percebamos.
De certa maneira,
a mim me parece que participo melhor
(mais intimamente) do mundo.

Teilhard de Chardin

# 66. Conversão

A nossa conversão ocorre
durante toda a vida.
Ela não acontecerá através de uma
simples troca de ideias.
Ela é uma nova práxis vital.
Não é obtida tão somente
com nossas boas intenções.
Tudo o que se insere no movimento
dessa mudança é algo cheio de
esperança, e tudo o que está fora dele
permanece morto e sem sentido.
Mas aquele que cai no meio do
caminho, acreditando ser a conversão
alguma coisa puramente interior ou
simplesmente um preceito religioso ou
espiritual, acaba colocando obstáculos a
seu futuro e destruindo sua esperança.

JÜRGEN MOLTMANN

# 67. Mudança radical

Deixemos bem claro
que o objetivo desejado por nós
não é nenhuma reforma superficial,
mas sim o extermínio
de estruturas escravocratas
que são sempre desumanas,
onde quer que se encontrem.

Dom Helder Camara

# 68. Peregrinação

A vida é uma peregrinação
do descobrimento:
descobrimento do que vocês são,
descobrimento dos valores
que forjam suas vidas,
descobrimento dos povos e nações,
para que todos se unam na solidariedade.
Ainda que este caminho de
descobrimento se delineie mais
claramente na juventude,
ele é um caminho que nunca termina.
Durante toda a vida, devemos afirmar
e confirmar os valores que formam
a nossa personalidade e o nosso mundo:
os valores que enriquecem a vida,
que refletem a dignidade e a vocação
da pessoa humana, que constroem um
mundo de paz e justiça.

JOÃO PAULO II

# 69. Conversão e futuro

A fé que ilumina o futuro é,
em primeiro lugar,
uma fé que torna possível a conversão.
A conversão é a prática
da esperança viva.
Aquele que não tem esperança,
jamais se converterá...
pois a conversão é sempre
uma conversão para um futuro.
É a conversão ao futuro de Deus vivo e,
portanto, o esquecimento da ideia
da morte e de todos os poderes
que destroem a vida.
A esperança no futuro é somente
possível, se reconhecemos
honradamente o passado e
o aceitamos sem qualquer tipo de
justificação própria.

JÜRGEN MOLTMANN

# 70. Significado da cruz

É difícil permanecer
de pé em frente a uma cruz;
mais difícil ainda é contemplá-la
com um olhar fixo.
E, contudo,
ela é todo o sentido de nossa vida;
sem o respeito pela cruz,
tornamo-nos como aqueles homens
mornos que o Senhor repeliu.

GEORGES BERNANOS

# 71. A cruz e a humanidade

A cruz não é algo desumano,
mas sobre-humano.
Compreendamos que,
desde a origem da humanidade atual,
ela já se levanta diante do caminho
que conduz ao ápice da Criação.
Somente à luz crescente da Revelação,
seus braços, antes nus,
aparecerão revestidos de Cristo.

TEILHARD DE CHARDIN

# 72. Parábola do perdão

Caim e Abel se encontraram
depois da morte de Abel.
Caminhavam pelo deserto
e se reconheceram a distância,
porque eram bastante altos.
Os irmãos sentaram-se no chão,
acenderam o fogo e comeram.
Guardavam silêncio, como o fazem
as pessoas cansadas ao final do dia.
No céu, uma estrela assomava,
sem ter ainda recebido nome.
À luz das chamas, Caim percebeu
na fronte de Abel a marca da pedra,
deixou cair o naco de pão que
levava à boca e pediu a Abel
que lhe perdoasse seu crime.

Abel replicou:
– Você me matou ou eu o matei?
Já não me recordo;
aqui estamos juntos como antes.
– Agora sei que você me perdoou
verdadeiramente – disse Caim –,
porque esquecer é perdoar.
Eu também vou esquecer.
Abel disse com ponderação:
– Sim. Enquanto dura o remorso,
dura a culpa.

JORGE LUIS BORGES

# 73. A Igreja-comunidade

Sem comunidade, sem comunhão,
não há Igreja de Jesus.
Se a Igreja é a comunidade histórica
dos que creem em Jesus
e o aceitam como seu Salvador...
não pode mostrar-se ao mundo
como uma simples massa de batizados
que se ignoram mutuamente
e às vezes vivem reclusos
numa religiosidade
individualista e rotineira.
Devemos redescobrir
que a Igreja é povo de Deus,
comunidade e espaço de liberdade,
onde qualquer um pode amadurecer
como pessoa e como fiel.

JOAN BESTARD

# 74. Viver o Evangelho

Quando carregamos o Evangelho,
temos de pensar que nele habita o
Verbo que se faz carne e se apossa
de nós, para que, com seu coração
inserido no nosso, com seu espírito
a se comunicar com o nosso,
nós possamos dar nova vida
a seus ensinamentos,
num lugar diferente,
em outro tempo e numa outra sociedade.
Assim, aprofundar o Evangelho
significa renunciar a nossa vida
para aceitar um destino
que nos levará a Cristo.

MADELEINE DELBRÊL

## 75. Ser testemunha

Aquele que aspira ser,
com Cristo e por Cristo,
testemunha diante do mundo
e diante da verdade
que liberta e perdoa,
alimentar-se-á do culto da verdade,
tanto nas palavras quanto nas atitudes
e, portanto, na sinceridade,
na lealdade,
na fidelidade e na coerência.

PAULO VI

# IV. O caminho mais difícil

"Senhor, fomos criados
por você e para você,
e nosso coração viverá inquieto
enquanto não descansar
em seu seio."

Santo Agostinho

# 76. Um caminho sem fim

A viagem mais longa é sempre
a viagem que fazemos
para dentro de nós.
A viagem de volta ao lar,
para encontrarmos a nós mesmos,
dura toda a vida terrena
e talvez mais.

JÜRGEN MOLTMANN

# 77. A solidão necessária

Só uma coisa é necessária,
a solidão.
A grande solidão interior.
Penetrar em nós mesmos
e, durante horas,
não encontrar nada.
Há que se chegar a isso.

Rainer Maria Rilke

# 78. Você e a solidão

Não é preciso nos retirarmos dos lugares
que frequentamos habitualmente,
nos desligarmos de compromissos
e ocupações,
de encontrar um silêncio exterior,
por mais proveitoso que ele seja.
Precisamos de solidão interior,
de uma solidão que depende de nós
e que nos permite um duro embate
com a consciência.
Conduzidos pelo espírito,
levados ao deserto do recolhimento,
nele procuramos iluminar nossa
consciência...

A. M. CARRÉ

# 79. Silêncio fecundo

As grandes conquistas não têm lugar
em situações barulhentas,
mas em horas
de tranquilidade e silêncio.
O mundo gira silenciosamente
para aquele que inventa novos valores,
e não para quem faz muito barulho.

F. NIETZSHE

# 80. O deserto bíblico

O que se observa na Bíblia
é que os profetas ora são enviados
ao deserto, ora à cidade...
O deserto não é apenas um lugar,
é também um símbolo bíblico.
O deserto é o lugar da solidão
e da pobreza, lá o coração se purifica,
destrói todos os seus ídolos
e realiza o encontro exclusivo com Deus.
Nele se realiza a contemplação cristã.
Por outro lado, o deserto
é o símbolo da esterilidade
e da dureza do coração humano,
para onde o profeta é enviado.
O Batista prega no deserto:
evangeliza numa sociedade pecadora.

SEGUNDO GALILEA

# 81. Ser e orar

A oração deve ser coerente
com nosso comportamento.
Quando nos dirigimos a Deus,
mostramo-nos como somos.
Quando oramos de verdade,
então nossa existência é real.

ROMANO GUARDINI

## 82. Pequenas coisas

Realize coisas pequenas,
esperando dia a dia.
Realize-as com dedicação.
Lembre-se do aluno que você foi,
curvado sobre a mesa, esforçando-se.
Assim nos deseja ver o bom Deus,
quando nos abandona
às nossas próprias forças.
As pequenas coisas parecem
insignificantes, mas trazem a paz.
São como as flores silvestres;
cada uma parece não ter aroma,
mas todas juntas perfumam o ar.
A oração das pequenas coisas
está cheia de inocência.
Em cada pequena coisa
um anjo está presente.

GEORGES BERNANOS

## 83. Orar é amar

Para mim a oração
é um impulso do coração.
É um simples olhar para o céu,
é um grito de gratidão
nas dores e nas alegrias.
É algo grande, sobre-humano,
que expande minha alma
e a une a Jesus.

SANTA TERESINHA DE LISIEUX

## 84. Somos criaturas

Olhe mais atentamente para as estrelas.
As estrelas são maravilhosas.
As estrelas dizem, àquele que sabe ler,
uma palavra mais justa que a dos catedráticos
e a dos que explicam vaidades.
A pedrinha de pó que os seus pés
pisam não é mais do que um grão
sideral num precipício sem beira.
Não encha de soberba o seu coração...
você é uma criatura.
Estamos sós à beira do infinito;
por que recusar a mão de um pai?
Fomos lançados, efemeramente,
do alto da eternidade;
por que recusar um apoio,
mesmo que seja somente para estar
sujeitos aos cravos
de uma cruz de madeira tosca?

G. Papini

# 85. O gosto pela vida

Jamais ceder. Trabalhar sobre um plano
mais autêntico, aquele no qual o êxito
não se mede pelo crescimento
individual, mas pela fidelidade do esforço
realizado para tornar o mundo menos
duro e mais humano para alguém.
Se, sob a pressão dos acontecimentos,
transformas o sacrifício mental
de toda ambição pessoal
em altar de um dever mais nobre,
estou certo de que poderás alcançar
um grau de libertação e de lucidez
exterior que nem sequer suspeitas...
Deves chegar a conservar o gosto
substancial pela vida e pela ação,
enquanto renuncias definitivamente
à felicidade individual.
Aqui está o segredo e não a ilusão
do Meio Divino.

TEILHARD DE CHARDIN

## 86. Mulher

No caminho que leva a Deus,
a mulher encontra mais facilidade.
De alguma forma,
as mulheres são mais abertas
ao problema religioso.
E não é por sua fragilidade.
Antes, porque são capazes de conceber.
É porque Deus, ao pensar na criação,
concebeu-a no feminino.
Deus deve se alegrar
com a entrega da mulher no amor
e em tarefas tão superiores à sua força!
Maria de Nazaré é a maior de todas
e exemplo para todas e para todos.

CARLOS CARRETTO

# 87. Capacidade da mulher

Observo que a mulher
é melhor que eu.
No caminho a Deus,
sinto-a sempre à minha frente.
Na humildade, mais humilde;
na paciência, mais forte;
na caridade, mais espontânea...
Acredito que a mulher tem
a predileção de Deus,
que parece me dizer sempre:
olhe para ela, e aprenda...

CARLOS CARRETTO

# 88. Discípula da Palavra

Maria é a discípula perfeita
que se abre à Palavra
e se deixa penetrar por seu dinamismo.
Quando não a compreende
e fica surpresa,
não a repele, ou põe de lado;
medita-a e conserva-a.
E quando a Palavra lhe soa
dura aos ouvidos,
persiste com muita confiança
no diálogo de fé
com Deus que lhe fala.

PUEBLA, N. 296

## 89. Maria, educadora da fé

Enquanto peregrinamos,
Maria será a mãe educadora da fé...
Trata-se de uma presença feminina,
que cria o ambiente de família,
o desejo de acolhimento,
o amor e o respeito à vida.
É presença sacramental
dos traços maternais de Deus [...]
Maria, levada ao máximo
na participação com Cristo,
é íntima colaboradora de sua obra [...]
É junto a ele protagonista da história [...]
Toda de Cristo e, com ele,
toda servidora dos seres humanos.
Maria, Mãe, desperta o coração
do filho adormecido em cada pessoa [...]
Faz crescer em nós a fraternidade.

PUEBLA, N. 290-295

# 90. Maria, mãe! (I)

Cheguei a um ateísmo intelectual,
em que imaginei um mundo sem Deus,
e agora vejo que sempre guardei
uma fé oculta na Virgem Maria.
Nos momentos de dificuldade,
escapava-me espontaneamente
da garganta esta súplica:
"Mãe de misericórdia, ajuda-me".
Maria é o mais doce dos mistérios.
A Virgem é a simplicidade;
a mãe, a ternura.

MIGUEL DE UNAMUNO

# 91. Maria, mãe! (II)

Maria, mistério de humanidade
e de amor,
é o sustentáculo da sabedoria.
Passam impérios, teorias,
doutrinas, glórias,
mas permanece em paz inabalável
a virgindade e a eterna maternidade,
o mistério da pureza
e o mistério da fecundidade.

Miguel de Unamuno

## 92. Grandeza de Maria

Maria, arrebatada ao céu,
é integridade humana,
corpo e alma, que agora reina intercedendo
pelos homens e mulheres
peregrinos na história.
Nela, Deus dignificou a mulher
elevando-a a dimensões inimagináveis.
Em Maria, o Evangelho perpassou a
feminilidade, redimiu-a e exaltou-a.
Maria é garantia da grandeza da mulher,
mostra a forma específica do ser mulher,
com essa vocação de ser alma,
dedicação que espiritualiza a
carne e que encarna o espírito.

Puebla, n. 298-299

## 93. Deus existe?

Deus existe?
Pesar aborrecimentos e dúvidas,
para o ser humano de hoje,
pode ser a única resposta adequada
àquela com que confessaram sua fé,
desde tempos antigos,
fiéis de todas as gerações.
Começa com um elogio:
"Que o Senhor seja louvado",
e termina com um ato de confiança:
"O Senhor é meu pastor,
nada me faltará".

HANS KÜNG

## 94. Crer

Para a pessoa que crê,
nenhuma prova é necessária.
Para aquela que não crê,
toda prova é inútil.

Franz Werfel

## 95. Buscar a Deus

Durante trinta anos
caminhei em busca de Deus.
Quando no final desses anos
abri os olhos,
percebi que era ele
quem me buscava.

EDDIN ATTAR

## 96. Narcisismo

A idolatria do ser humano
não é ajoelhar-se diante
de imagens esculpidas,
mas adorar a si mesmo,
porque está decepcionado com Deus.
Quando o racionalismo
expulsa o mistério,
o mito ocupa seu lugar.

P. DE LUBAC

# 97. Negar a Deus?

Atualmente as pessoas estão expostas
à tentação de negar a Deus
em nome de sua própria humanidade,
alegando ser inútil cogitar sobre ele.
Sempre que ocorrer essa negação,
as sombras do medo estenderão
seu tenebroso manto.
O medo nasce quando Deus morre
na consciência do ser humano.
Todos nós sabemos,
ainda que obscuramente
e com temor sagrado, que ali,
onde Deus morre na consciência
de qualquer pessoa,
dá-se inevitavelmente a morte
do ser humano, imagem de Deus.

JOÃO PAULO II

## 98. Deus é o primeiro...

Você é o primeiro em amar.
Quando me levanto de madrugada,
no mesmo instante, volto minha alma
e minha oração até você,
e assim sou guiado pelo seu amor
que sempre esteve comigo.
Quando abandono as distrações
e me concentro para pensar em você,
você é o primeiro.

KIERKEGAARD

# 99. Encontrar a Deus (I)

Necessitamos encontrar a Deus
e não o encontramos
no meio do barulho e da agitação.
Deus é amigo do silêncio.
Olhe como a natureza
– as árvores, as flores, a relva –
guarda santo silêncio.
Olhe como as estrelas,
a lua e o sol se movem em silêncio.

MADRE TERESA DE CALCUTÁ

# 100. Encontrar a Deus (II)

Nossa missão não consiste em revelar
Deus aos que não têm amparo?
Porém, não um Deus morto,
mas um Deus cheio de vida
que os possa amar.
Não vale muito o que dizemos,
mas o que Deus nos revela
e o que fala através de nós.
Todas as palavras são inúteis,
se não brotam do nosso íntimo.
As palavras que não trazem
a luz de Cristo condenam às trevas.

MADRE TERESA DE CALCUTÁ

# 101. Deus é alguém

Deus é pessoa
e devemos pensar nele
como uma *pessoa*.
Sempre me voltei a Deus
como se falasse com qualquer pessoa,
sem sentir receio diante da ideia
de eu ser humano e ele divino.

TEILHARD DE CHARDIN

# 102. Deus é alegria

Certo dia, um santo passou perto
de nosso povoado.
Minha mãe o observou no pátio,
enquanto brincava com os meninos.
– É um verdadeiro santo –
disse minha mãe
– caminhe ao seu encontro, filhinho.
O santo pôs a mão em meu ombro
e me perguntou:
– Minha criança, o que você quer fazer?
– Não sei. O que o senhor
quer que eu faça?
– Não, diga você...

– Eu gostaria de brincar...
– Quer brincar com o Senhor?
Eu aceitei. Ele continuou:
– Veja bem, se você brincasse
com o Senhor,
seria a coisa mais linda do mundo.
Todos levam o Senhor tão a sério,
que o deixam aborrecido.
Brinque com Deus, meu filho,
pois ele é o melhor companheiro
que se pode ter.

GOPAL MUKERJI

# 103. O coração puro

Nenhuma falácia crítica prevalecerá
sobre a clarividência do coração puro.
Os corações puros serão
duplamente felizes,
pois verão a Deus
e Deus se fará ver por meio deles.

H. DE LUBAC

# 104. Deus é simples (I)

Deus é simples;
nós o fazemos complicado.
Está próximo,
mas nós o vemos a distância.
Faz parte da realidade
e de tudo o que está ao nosso redor,
mas nós o buscamos
em sonhos e utopias.

CARLOS CARRETTO

# 105. Deus é simples (II)

O verdadeiro segredo
para entrar na relação com Deus
é a humildade,
a simplicidade do coração
e a agudeza de espírito;
coisas que, infelizmente,
são apagadas em nós pelo orgulho,
pela ganância e pela malícia.
Jesus já dizia:
"Se vocês não tiverem o coração
de um menino,
não entrarão no Reino do céu";
e não adianta tentar enganar.

CARLOS CARRETTO

## 106. Deus é amor

Deus existe.
E no âmago da existência está o amor.
E no amor reside o grande mistério
da paternidade.
Quando dizemos "Pai",
anunciamos a verdade de Deus
na Criação e na Aliança.
Deus é a fonte de toda a vida.
Deus é o Pai de Nosso Senhor
Jesus Cristo, por meio do qual
nos tornamos seus filhos.

F. VARILLON

## 107. Deus reparte seu amor

Deus quis que o amor dos casais
fosse repleto de vida, e que seu poder
de criar despertasse os outros à vida.
Quis que o amor de mãe fosse ternura.
Quis que o amor do pai fosse sua força.
Quis que o amor entre amigos fosse luz.
E por sabermos disso,
podemos aspirar à plenitude,
para a qual ele nos chama.
Deus é amor; reúne em si
todos os atributos do amor,
é sua fonte, da mesma forma que o sol
é a fonte de luz e de calor da terra.
Assim, podemos entender
por que o primeiro mandamento é:
"Amarás o Senhor teu Deus".

RENÉ LAURENTIN

# 108. Como Jesus, meu irmão

– Como se chama?
– Eu sou o filho do Senhor.
– De onde você vem?
– Dos braços de Deus.
– Para onde vai?
– Ao seio do nosso Pai.
– Quais são suas obras?
– Uma caminhada sem fim
ao encontro de Deus.
Caminhos de muitos retornos tristes.
– Você possui alguma coisa mais?
– Os frutos da Redenção:
a esperança; a alegria;
a segurança de que vou ressuscitar.
– Nada mais?
– Sim, o medo, a tristeza, a fome,
a sede, o terror da morte...
como Jesus Cristo, meu irmão mais velho.

José Maria Cabodevilla

## 109. Ver a Deus

Ver a Deus não é apenas
um problema da razão,
mas também daquilo que chamamos
mais de contemplação pura.
Essa contemplação é nítida
quando olhamos com pureza.
E a limpidez do olhar
se determina pelo coração.
Um espírito perturbado
não pode conhecer a Deus.
O coração deve ser puro.

ROMANO GUARDINI

## 110. Deus nos pobres

Os pobres representam a esperança
da humanidade.
Aqueles que sofrem de fome
e padecem dificuldades,
e não se sentem amados.
Nosso julgamento advirá
do nosso comportamento com eles,
segundo o amor que lhes oferecemos.
Eles são nossa esperança de salvação.
Temos de nos aproximar deles
e tratá-los da mesma forma
como trataríamos Jesus.
Não importa quem são e onde estão:
devemos encontrar Deus dentro deles.

MADRE TERESA DE CALCUTÁ

# 111. Ele está dentro de nós

Senhor, você é como uma ponte
que haveremos de transpor,
você está atrás de nós para apoiar-nos,
dentro de nós para guiar-nos,
acima de nós para nos bendizer,
ao nosso redor para nos proteger.
Está dentro de nós,
e assim mesmo o servimos,
por meio do espírito e do corpo,
para a glória de seu nome.

NATHAN SEDERBLOM

## 112. Deus em nós

Deus nos escuta quando ninguém
nos volta a atenção.
Está conosco
quando nos julgamos sós.
Chama por nós
quando somos abandonados.

Santo Agostinho

# 113. Deus fala a partir de nós

A consciência é como um semáforo
que nos indica
quando devemos avançar.
Ela nos adverte quanto ao que
devemos obedecer e respeitar,
em que lugar e em qual momento.
Pensadores cristãos diziam:
a consciência é a voz de Deus.
Isso significa que se Deus
não falar diretamente da consciência,
ele não será Deus, será ídolo.
A consciência é própria de Deus.

JOSEF TISCHNER

# 114. A alegria

A alegria é uma grande rede
que recolhe as pessoas.
Deus ama quem espalha alegria.
Quem se alegra de ofertar,
ajuda melhor.
Provamos amar a Deus
e a nosso semelhante,
quando aceitamos tudo com alegria.
A alegria se multiplica
no coração de quem ama...
Ser feliz com Deus significa
amar como ele, ajudar como ele,
dar como ele, servir como ele.

MADRE TERESA DE CALCUTÁ

# 115. Caminhar na fé (I)

Para acreditarmos não precisamos
ver com os próprios olhos.
Imagino seguir como qualquer um,
a tatear nas sombras, pelo caminho
da fé... não, Deus não se esconde,
e tenho certeza que está em algum
lugar perto de nós,
para que o achemos por meio
de um sofrimento que em nada
legitima nossos méritos.
Pelo contrário, atentos à Criação
que nos conduz a ele, devemos
trabalhar com todas as forças
para protegê-la e venerá-la.
Assim como uma mãe
vela pelo seu recém-nascido.
Mas nossos olhos humanos
não poderiam percebê-lo.

TEILHARD DE CHARDIN

# 116. Caminhar na fé (II)

Não seria necessário o período
de mil séculos para que nosso olhar
se abrisse à luz?
Nossas dúvidas,
que são o mesmo que nossos males,
são também o preço que devemos pagar
para que deixemos o âmbito do pessoal
para ascendermos ao universal.
Nessas condições, aceito caminhar
até o fim por um caminho
que cada vez mais me certifica,
até horizontes cada vez mais
imersos em neblina.

TEILHARD DE CHARDIN

# 117. Prece

Senhor,
não peço para avançar
muito na jornada;
um passo a cada dia
é o bastante.

J. Henry Newman

# 118. Utopia de Deus

Senhor, você é o único
que considera seriamente ser humano
e não se ri dos demais.
Você crê nas pessoas,
espera-as e ama-as
porque elas são a sua utopia...
Mas que ridículo será
se nos levarmos demasiado a sério!

PAUL DEBESSE

# 119. Confiança em Deus

Com infinita confiança
me abro ao seu olhar, ó Deus,
não por ter meu coração purificado,
mas por ver o seu amável olhar.

RAISSA MARITAIN

# 120. A vontade do Senhor

O mal, a obscuridade,
o sofrimento e a morte são apenas
etapas necessárias nessa longa
caminhada em que seguimos para
tornar mais verdadeira,
mais abrangente, mais luminosa
e mais evidente a vitória de Deus.
E quando tiver avançado mais,
não direi: "Foi o acaso";
mas direi, rezando:
"Foi sua vontade, meu Senhor".

CARLOS CARRETTO

# 121. Ajuda-me, Senhor

O que queria lhe pedir, Senhor,
é que seja extirpada a lepra
que corrói o meu coração.
Peço força para suportar corajosamente
minhas dores e alegrias.
Peço ajuda para que meu amor
resulte em constantes serviços.
Peço força para não humilhar os fracos
nem me curvar ante o
poderoso prepotente.
Peço força para manter meu espírito
acima da mesquinhez humana.
Peço força para que, com amor,
submeta minha força à sua vontade.

R. Tagore

# 122. O inimigo da fé

O mundo dos desfavorecidos
continua sendo o grande depósito
onde se preparam as reservas da fé,
da esperança e da caridade
para a Igreja de amanhã.
O espírito de solidariedade,
o esquecimento de si,
a consciência de não ser
o centro absoluto de sua própria vida,
pelo contrário, de estar ligado
aos representantes de sua classe
ou mesmo a consciência
de fazer parte da humanidade
doravante serão fundamentos humanos
que poderão abrir caminho para a fé.
O inimigo da fé é o "eu".

H. Perrin

# 123. Deus nos chamou

Deus nos chamou
para um comprometimento maior,
não para uma recompensa
mais atraente.

PAUL DEBESSE

# 124. Nossos pecados

Temos de admitir que diariamente
cometemos pecados,
tais como nossa descrença,
nossa impaciência, nosso desamor...
Aqui se encontra, na verdade,
a natureza do mal: dizer não à fé,
à esperança e ao amor.
O pecado que confesso todos os dias
e que todos os dias renasce em mim.
É a minha miséria.
É a nossa verdadeira miséria.
É nossa tristeza
e tudo o que nos enfraquece.

CARLOS CARRETTO

## 125. Poder de sonhar

Deus criou o ser humano
e lhe deu o poder de sonhar.
Disse-lhe: por cada ilusão que persegue,
eu o recompensarei dando-lhe outras,
porém, mais extasiantes.
Se você as relatar ou lamuriar
dirão que é poeta;
e se elas o matarem de dor,
eu o acolherei em meu seio.
"Bem-aventurados os que choram
porque serão consolados."

EDUARDO LECOURT

# 126. Irmã morte

Amo a morte porque ela
me devolve a vida.
Amo a morte porque acredito
na ressurreição...
Eu não a temerei, morte, minha morte!
Haverei de acolhê-la como amiga;
a abraçarei como uma irmã.
Eu a respeitarei como a uma mãe.
Também não implorarei que me guarde
do sofrimento, pois a lembrança
da morte de meu irmão Jesus
faz com que deseje, ao menos,
permanecer calado e resignado.
Pedirei que você se compadeça
de minha fraqueza.
Pedirei que você me faça útil
a todos os irmãos que morrem na dor.

CARLOS CARRETTO

# 127. Na hora sombria

Quando sobre meu corpo
e, mais ainda, sobre meu espírito
começam a surgir as marcas
do desgaste do tempo;
quando é externo ou interno
o mal que me aniquila,
no instante doloroso
em que de súbito percebo
que adoeço e que envelheço,
Senhor, para essa hora sombria,
torna minha fé bastante forte
para que possa compreender
que é você quem me separa
as fibras do ser, para penetrar
no âmago de minha substância
e exaltar-me em você.

TEILHARD DE CHARDIN

# 128. A morte

A morte, Senhor, a morte!
A fala se engasga
à pronúncia dessa palavra;
a língua amarga, os olhos embaçam...
Ninguém pode vê-la de frente,
se porventura ela nos espreita.
Ela se parece com o sonho.
Ela é superior às nossas forças.
Ah, se você não existisse!
Se você não nos conduzisse
por sobre o abismo, em seus braços!

JOSÉ M. VALVERDE

# 129. Deus é o suficiente

Não se aflija com nada
e não se espante,
pois tudo passa e Deus permanece,
a paciência tudo alcança;
quem tem a Deus, nada lhe falta:
só Deus é o suficiente.

SANTA TERESA D'ÁVILA

# V. Os perigos da felicidade

*"A minha felicidade é tão grande, que me é terrivelmente difícil não reparti-la com os outros; quisera transmitir ao mundo tudo isso que toma conta de mim."*

M. Josefina Cruz Vial

# 130. O sal da terra

Suas vidas silenciosas e humildes
têm de dar sabor à existência das pessoas,
porque lhes falta o sal da fé,
da esperança e do amor.
Falta muito sal à existência humana.
Vocês dão, em silêncio,
sentido à história da humanidade,
com a simplicidade de sua esperança,
com a humildade de sua fé,
com o anonimato de sua caridade.
Só à custa do seu sacrifício silencioso,
a sua fé, a sua esperança
e a sua caridade serão fecundas.
Assim, vocês serão realmente
o sal da terra.

Francisco Tamayo

## 131. Testemunho

Tenha cuidado
para que a sua vida
não transcorra contrária
ao testemunho de sua boca.

Santo Agostinho

# 132. A segurança em Deus

Existem pessoas que são vistas por
Deus sempre como crianças medrosas.
Ele as toma pela mão e as conforta.
A vida é uma segunda etapa
de um processo que se inicia
com nossa origem e termina
com nossa morte.
Por não termos o domínio desse
processo, a terra se nos apresenta
como um lugar de perigo.
Só Deus nos revela o sentido
de uma segurança invencível;
basta que nos apoiemos
totalmente nele.

Julien Greene

# 133. Lugar para Deus

Se você quer ser,
peço perdão por minha sinceridade,
mas você tem que se livrar
da posse excessiva
que tanto o esfomeia
e que lhe enche o corpo
dos pés à cabeça,
que não deixa em seu coração
lugar para você
e muito menos para Deus.

DOM HELDER CAMARA

## 134. A porta sem fechadura

Há um quadro muito famoso
do pintor Holman Hunt chamado
"A luz do mundo".
Em meio à treva noturna está Cristo,
com a aparência de um peregrino,
a erguer uma lanterna com a mão esquerda,
golpeando uma porta fechada;
isso simboliza o chamado
de Deus ao homem.
Ao descobrir esse quadro,
um crítico perguntou ao pintor:
– Mestre, o quadro não foi terminado.
Falta a fechadura da porta.
– É que a porta só pode ser aberta
por dentro da casa! – respondeu o autor.
A porta do coração humano
não pode ser forçada: é preciso abri-la
pelo lado de dentro da casa,
ou então ninguém o poderá fazer.

AUTOR DESCONHECIDO

# 135. Virtudes

A fé
é sempre um risco;
a esperança
é sempre um abandono;
e o amor
é sempre um tormento.

GEORGES CHEVROT

# 136. Comprometer-se

Desconheço quem
ou o que suscitou a pergunta.
Não sei quando foi formulada.
Nem sequer sei se a respondi.
Mas me lembro de ter dito sim
a alguém ou a algo.
Data dessa hora a certeza
de que a existência está repleta
de sentido e de que, portanto,
minha vida, apesar de submissa,
tem uma finalidade.
Desde então soube o que significava
a expressão "não voltar atrás"
e "não preocupar-se
com o dia seguinte".

DAG HAMMARSKJÖLD

# 137. Livres para servir

Repelir tudo o que mistifica;
guardar o valor de ser o que somos,
e amar o que é simples e belo.
O desejo de servir é indispensável,
se desejamos acrescentar
alguma coisa à humanidade.

ALEXIS CARREL

# 138. Crescermos juntos

Esquecemos a dor
para pensar na alegria de crescer.
E, sem dúvida,
não são poucas as dores.
Quando buscamos nossa integridade
ou nossa aproximação aos outros,
precisamos reconsiderar,
renunciar, nos dar:
e isso tudo nos causa
uma dor peculiar...
O progresso da personalidade
se mede pela união e pelo sofrimento.

TEILHARD DE CHARDIN

# 139. Realizamo-nos juntos

O ser humano não alcança
a semelhança com Deus,
senão pela comunhão
com outras pessoas.
É a reciprocidade e o entendimento
no amor que imita
aquela perfeita unidade de vários
que constitui o mistério íntimo de Deus.

F. VARILLON

# 140. Não à indiferença

Não permita indiferentes ao seu redor.
Eles iniciam a discórdia.
Que a sua juventude obrigue a pensar
e a adotar uma postura;
incômoda como a verdade,
exigente como a justiça.

Dom Helder Camara

# 141. Avancemos juntos

Nem todas as direções
são passíveis de avanço.
Isso significa que somente
uma melhor organização
conduzirá a uma maior síntese
e a uma maior unidade.
Exceto, também,
o individualismo e o egoísmo
dos que querem crescer excluindo
ou diminuindo os seus irmãos,
em sua individualidade,
nacionalidade e raça.

TEILHARD CHARDIN

## 142. Pessoas sábias

Uma maneira de reconhecer pessoas sábias
é ver como elas se portam diante dos jovens.
Tomam elas os jovens por futuros rivais,
capazes de lhes diminuir
o prestígio que obtiveram?
Haverão de mostrar-lhes um calculismo frio,
que se abalará desgostoso das vitórias
muito rápidas ou mesmo brilhantes?
Ou, pelo contrário, os receberão
como futuros companheiros de batalha,
que só abandonarão a luta
quando se retirarem dela
como colaboradores sinistros
dessa grande empresa destinada
sempre a um maior crescimento?
Aceitarão ser censurados
ainda que com razão?

H. POINCARÉ

# 143. Apenas o pobre...

O Pobre de Iahweh
é aquele cujo único amparo é Deus.
Apenas o pobre é capaz
de orar de verdade.
Apenas o pobre pode ser
verdadeiramente grato.
Apenas o pobre é capaz
de amar verdadeiramente.
Apenas o pobre é capaz
de se entregar sem impedimentos.
Apenas o pobre é capaz de ser sincero.
Apenas o pobre é capaz de aceitar
plenamente a Deus e a seus irmãos...
O pobre não se distancia, mas coopera;
não se fecha em si mesmo, se abre;
não inventa problemas, mas busca soluções;
não busca seu agrado, mas serve;
não se quer destacar, mas ser esquecido.

PAUL DEBESSE

# 144. O egoísmo que esconde

O egoísmo esconde
o indivíduo dos outros;
destrói a realidade em estilhaços;
esteriliza toda tentativa
de trabalho em comum;
desagrega a família,
o grupo profissional,
o povo, a cidade e a nação.

ALEXIS CARREL

# 145. Respeito

As formas de governo convertem-se
em tiranias e perdem o direito de exigir
a obediência, quando atentam
contra os direitos naturais
e essenciais da pessoa humana.
O ser humano, criado à semelhança
de Deus, tem o direito soberano à verdade,
à justiça, ao amor,
e é inútil iludi-lo com mentiras e ódio.
Há que "guardar-se dos ídolos";
só Deus pode ser adorado,
não uma classe social,
uma raça e seus ditadores.
A verdade há de vencer, ao final,
a violência, e o amor triunfará sobre o ódio.
Existe na terra uma fé que crê em tudo isso,
e uma Igreja para anunciá-lo.

HENRI DE LUBAC

# 146. A arte do bem

Seja um especialista
na arte de descobrir
em todas as coisas
ou em cada uma das criaturas,
o lado bom do que esperamos:
não há nada que seja todo maldade.
Seja um especialista
na arte de descobrir em cada ideologia
um fundo de verdade que traz consigo.
A inteligência é incapaz
de entregar-se a um erro absoluto.

DOM HELDER CAMARA

# 147. Creio... (I)

Creio na não violência.
Creio no sangue dos inocentes.
Creio que vencemos, perdendo.
Creio no verdadeiro desarmamento.
Creio que São Francisco
amansou um lobo.
Creio na capacidade
do povo que não se arma,
mesmo cercado de inimigos.
Creio mais em profecias
do que em política.

CARLOS CARRETTO

# 148. Creio... (II)

Creio em Gandhi.
Creio em Luther King.
Creio no Bispo Romero.
Que exemplo daria um povo
que conseguisse vencer apenas
com a força da não violência,
sem derramar o sangue do inimigo!

CARLOS CARRETTO

# 149. Pacificadores

Chegará um dia
em que se reconhecerá
que a violência dos pacíficos,
que incomoda os poderosos
com a verdade,
é infinitamente preferível
à eclosão da violência armada.

Dom Helder Camara

## 150. Prazer e conduta

O prazer não é o princípio
nem o fim de uma ação,
e nunca deve ser o único guia
da conduta.
O ser humano nasceu
para realizar sua natureza
e não para desfrutar o prazer
a qualquer preço
e em qualquer circunstância...
O prazer é gratuito.
Temos que acolhê-lo como um dom
e não exigi-lo como uma dívida.

GUSTAVE THIBON

## 151. O caminho da alegria

Se a alegria provém de Deus
e habita nosso coração,
por que não a percebemos?
Porque, com frequência,
muitas vezes estamos deprimidos e tristes.
Já nos perguntamos qual é a causa?
Simplesmente porque a fonte
de onde ela provém não foi descoberta.
É bom que nos concentremos
até o fundo de nós mesmos,
onde encontraremos os caminhos.
É possível alimentar a ideia
de aproximar-nos de Deus
dentro de nós mesmos;
orientarmo-nos frequentemente até ele
e permanecer ali, solitários,
em profundo silêncio.

Romano Guardini

## 152. Alegria para todos

A Igreja dispõe da alegria,
da porção suficiente de alegria
destinada a este mundo
repleto de tristeza.
O que fazemos contra a Igreja,
fazemos contra a alegria.

GEORGES BERNANOS

# 153. A fonte da alegria (I)

A fonte dessa alegria está oculta
em nosso próprio coração,
no nosso mais íntimo.
Ali mora Deus,
e ele é a fonte dessa verdadeira alegria.
Essa alegria que interiormente
faz com que nosso peito dilate
e nos vejamos sob irradiante luz;
que nos faz ricos e fortes,
independente dos acontecimentos
exteriores...

Romano Guardini

## 154. A fonte de alegria (II)

Aquele que está alegre
está em comunhão
com todas as coisas.
Percebe a beleza
em seu verdadeiro esplendor.
Recebe a dificuldade
como prova de sua fortaleza;
a enfrenta com coragem e a supera.
Pode ser pródigo aos demais,
sem nunca ficar pobre.
Sem dúvida tem também
um grande coração
para poder aceitar devidamente.

ROMANO GUARDINI

# 155. A partilha vivifica

Que desilusão se sente,
quando duas pessoas que acreditavam
viver um grande amor,
se dão conta de que não fizeram
mais do que unir seus egoísmos,
e se sentem profundamente estranhos
um ao outro. Em compensação,
quando os que se amam buscam
a felicidade do outro, quando fazem disso
a sua maior felicidade, então,
o amor vive, aumenta com a reciprocidade
e floresce definitivamente.
A partilha vivifica, espiritualiza
e sublima o amor humano.
Não é uma atitude vazia de sentido,
mas sim uma nova vida.

RENÉ LAURENTIN

# 156. A felicidade de hoje

Quase nunca nos detemos
a pensar no presente;
e se pensamos, o fazemos apenas
com o intuito de extrair dele a luz
que nos conduzirá até o futuro.
No presente não está nosso fim.
As pessoas andam tão atarefadas,
que não pensam devidamente como
vivem e como atravessam o presente.
Pensam muito no que viverão,
mas, assim, não vivemos nunca,
pois estamos sempre à espera de viver.
Preparando-nos sempre para ser felizes,
é inevitável que nunca o sejamos.

BLAISE PASCAL

## 157. Espalhar alegria

Para espalhar alegria, é preciso que ela
esteja presente na família.
A paz e a guerra começam dentro do lar.
Se desejamos verdadeiramente
a paz do mundo, comecemos
amando-nos dentro de nossas casas.
Teremos assim a alegria de Cristo,
que é nossa força.
Às vezes, é-nos bastante difícil sorrir
para o marido ou para a esposa.
Certa vez, alguém me perguntou
se eu estava cansada.
Respondi que sim, acrescentando que
às vezes é difícil sorrir para Cristo.

MADRE TERESA DE CALCUTÁ

# 158. Dizer sim à paz (I)

Paz! Palavra suave e solene.
Oprime e exalta.
Descendo do reino invisível: os céus.
Tem força profética:
"Paz aos homens que o Senhor ama".
A paz deve existir! A paz é possível!
Não é puramente um sonho ideal,
não é uma utopia inalcançável.
É e deve ser uma realidade.
Realidade mutável,
que se deve recriar
a cada período da civilização.

Paulo VI

## 159. Dizer sim à paz (II)

A paz não é espera nem descanso.
É um equilíbrio que se mantém no movimento e que desdobra constantes energias de espírito e de ação.
É uma força inteligente e viva.
Dizer sim à paz é dizer sim a Deus.

Paulo VI

# 160. O caminho da felicidade

Felizes os pobres em espírito,
porque deles é o Reino dos Céus.
Felizes os mansos,
porque possuirão a terra.
Felizes os aflitos,
porque serão consolados.
Felizes os que têm fome e sede de justiça,
porque serão saciados.
Felizes os que são misericordiosos,
porque encontrarão misericórdia.
Felizes os puros de coração,
porque verão a Deus.
Felizes os que promovem a paz,
porque serão chamados filhos de Deus.
Felizes os que são perseguidos por causa
da justiça, porque deles é o Reino do Céu.

JESUS

# VI. Nossa esperança de cada dia

*"É o seu grande amor
que fortalece a minha esperança,
me ampara e ilumina meus passos
ao longo do caminho da vida...
Assegure-me, Senhor, que você
ainda me ama e em meu ser
tudo voltará a florescer."*

R. Follereau

# 161. A mística do cotidiano

Onde há a experiência do amor,
habita a ressurreição.
Nós estamos em Deus e ele em nós.
Provavelmente é esta mística
da vida cotidiana
a mística mais profunda:
a aceitação da pequenez
é a verdadeira humildade.

JÜRGEN MOLTMANN

# 162. Esperança

Sou uma pessoa de esperança
porque creio que Deus se renova
a cada manhã, porque o inesperado
é a norma da Providência.
Sou uma pessoa de esperança,
não por razões humanas
ou por um otimismo ingênuo,
mas porque creio que o Espírito Santo
está agindo na Igreja e no mundo,
mesmo que as pessoas não tenham
consciência disso.
Sou uma pessoa de esperança
porque creio que o Espírito Santo
é sempre o espírito criador,
que a cada manhã
vem libertar quem o aceita,
dando uma carga nova
de alegria e confiança...

LEO JOSEF SUENENS

# 163. Paciência

A paciência deve ser
o primeiro atributo das pessoas,
acabando com aquela tensão
provocada pelo desejo da posse ou
pelo descontentamento do que se possui;
ela é consolo para as frustrações
ou para a ideia da impossibilidade de agir;
equilibra o desejo de ser e o que não se é.
Suportar essa tensão,
concentrar-se constantemente
à busca de possibilidades novas,
nisso reside a paciência.
Assim, pode-se dizer que ela promove
uma adequação entre gesto,
ação e vontade.

Romano Guardini

# 164. Paciência e crescimento

Só com paciência alguém que esteja
sob nossa responsabilidade pode crescer
e desenvolver-se espontaneamente.
Um pai e uma mãe que não têm
paciência acabam prejudicando os filhos.
O educador que não é paciente
com aqueles de quem cuida
haverá de intimidá-los,
impedindo-os de serem sinceros.
Esse trabalho só alcança seu êxito
se o exercemos com seriedade
e tranquilidade.

ROMANO GUARDINI

# 165. Pensar na morte

Sempre acreditei ser necessário
pensar na morte,
e receio que ela me leve
sem que eu tenha dado testemunho
da felicidade de ter passado por aqui.
O que confere à vida dignidade,
significado e beleza,
é o fato de que vamos morrer.
Saber disso é o que torna
a vida verdadeiramente valiosa.
Ter de esperar a morte,
para aqueles que creem em Deus,
é um dos seus magníficos dons.
Seria terrível se não morrêssemos.

ORSON WELLES

# 166. A cortesia

A autêntica cortesia
é reflexo da atenção
que temos à pessoa humana.
É o que muitos que atravessam
essa curta existência poderiam fazer,
em vez de ficar ferindo-se mutuamente;
mais ainda, que o façam de tal modo
que todos passem a considerar a
cortesia como um sinal
da dignidade humana.

Romano Guardini

# 167. A verdadeira grandeza

O que é grande?
Não é nada que necessariamente
implique quantidade,
estabelecendo a lei do maior,
como quando se diz
que dez é maior que cinco.
"Grande" é a constância adquirida
pela persistência em arriscar-se
em favor do que mais importa,
presença de espírito
e ousadia para opinar,
acuidade nas relações com o mundo,
originalidade e talento para produzir.

ROMANO GUARDINI

# 168. Pureza de coração

A pureza, no melhor sentido da palavra,
não é apenas ausência de faltas.
É a retidão de nosso caráter e o impulso
que proporciona em nossas vidas
a constante e incansável busca
do amor de Deus.
Espiritualmente, é impura a pessoa
que se deleita no prazer ou
se aferra ao egoísmo, introjetando em si,
e introduzindo nos outros,
um princípio de retardamento e de divisão
na unificação do Universo de Deus.
Contrário a isso, é puro aquele
que aceita o seu lugar no mundo
e faz com que,
acima de quaisquer interesses imediatos,
prevaleça a preocupação de Cristo,
que há de consumar-se em todas as coisas.

TEILHARD DE CHARDIN

# 169. Tarefas simples

Ninguém deve recusar
as tarefas mais simples.
Qualquer tarefa de amor
é uma tarefa de paz,
mesmo que pareça insignificante.
Há demasiado ódio no mundo,
demasiada luta.
Não os venceremos empunhando
armas ou bombas,
nem com qualquer arma que fira.
Mas poderemos vencê-los com gestos
de amor, de alegria e de paz.

Madre Teresa de Calcutá

# 170. Qual atitude?

O rico convida,
o pobre acolhe.
O rico se associa,
o pobre é amigo.

F. VARILLON

# 171. Juventude (I)

A juventude não é um período da vida,
mas um estado de espírito,
um efeito da vontade,
uma qualidade da imaginação,
uma emoção intensa,
uma vitória da coragem sobre a timidez,
do amor por arriscar-se
sobre o apego à comodidade.
Não envelhecemos só por ter vivido
certo número de anos,
mas por termos abandonado um ideal.
Os anos enrugam a pele do corpo;
renunciar às metas enruga a alma.
As preocupações, as dúvidas, os temores
e as desesperanças são inimigos que
nos fazem tombar lentamente,
reduzindo-nos a pó antes da morte.

DOUGLAS MCARTHUR

## 172. Juventude (II)

O que é jovem pode
se espantar e se maravilhar.
Ele pergunta,
com a curiosidade insaciável de um menino:
"E depois?", desafiando a realidade
e encontrando alegria no jogo da vida.
Somos tão jovens quanto a fé que nos move;
tão velhos quanto as nossas dúvidas.
Jovens por confiar em nós mesmos,
por ainda termos esperança.
Somos velhos pelo nosso pessimismo.
Continuamos jovens quando somos receptivos;
abertos para o belo, o bom e o grandioso;
atentos às mensagens da natureza,
do ser humano e do infinito.
Se um dia o seu coração for mordido
pelo desencanto... que Deus
tenha piedade de sua alma de velho.

DOUGLAS MCARTHUR

# 173. O mais importante

A hora que você vive,
a tarefa que lhe é confiada,
a pessoa que você encontra
neste momento são
as mais importantes de sua vida.

Máximo, O Confessor

## 174. Fidelidade

Com a fidelidade nos situamos
e nos mantemos protegidos
pela mão de Deus,
integrados a ele
no exercício de sua ação.

TEILHARD DE CHARDIN

# 175. Perseverar no bem

Não, não pare.
Iniciar o bem é uma graça de Deus.
Continuar seguindo pelo bom caminho
e não perder o ritmo...
é a graça das graças.
Não desfalecer,
quando fraquejamos
e já não podendo mais,
mesmo frágeis e pequeninos,
seguir avançando até o fim.

DOM HELDER CAMARA

# 176. A angústia consciente

Enquanto o futuro
levar pessoas ao desespero,
enquanto nosso bem-estar
significar a pobreza dos outros,
enquanto nosso crescimento
destruir a natureza,
não será a esperança, mas a angústia,
nossa companheira.

Jürgen Moltmann

# 177. Esperança que crê

A esperança verdadeira
não é um otimismo cego.
É esperança de olhos abertos,
que enxerga o sofrimento
e, sem dúvida, crê no futuro.
Só a partir da desilusão
podemos nos manter atentos
e fiéis à esperança.

JÜRGEN MOLTMANN

## 178. Fazer a esperança

É preciso dizer ao peregrino que lute,
que tente fazer alguma coisa.
Se o menino nasceu no barro,
temos que torná-lo esperança.

Manuel Pacheco

# 179. Olhar para a frente

O cristianismo
é totalmente esperança,
é olhar para a frente.
E, portanto,
ele é inevitavelmente uma ruptura
e uma transformação
do presente.

JÜRGEN MOLTMANN

# 180. Arriscar para vencer

Se não arriscarmos nada,
jamais conseguiremos algo.
A pessoa que busca
a conservação de tudo,
o conforto e a segurança,
está condenada à esterilidade.

ALEXIS CARREL

# 181. Esperança e realidade

Esperar é um dever,
não uma virtude.
Esperar não é sonhar,
antes é um meio para transformar
um sonho em realidade.
Felizes aqueles que se atrevem
a sonhar e estão dispostos a pagar
um preço mais alto para que o sonho
seja realidade na vida das pessoas.

LEO JOSEPH SUENENS

# 182. Futuro-esperança

Se não compreendemos nosso passado,
não podemos compreender
nosso futuro e, dessa forma,
fica difícil alimentar
a esperança na construção
de um mundo melhor.

LOUIS LEAKEY

# 183. A festa da esperança

Não importa como esteja
a situação do mundo,
não importa como esteja
a nossa situação;
façamos da vida
uma festa de esperança.

Alfonso Gratry

# 184. O que é melhor?

O que é melhor para o cristão:
trabalhar ou padecer?
A vida ou a morte?
O desenvolvimento ou a decadência?
A rapidez ou o retardamento?
A posse ou a renúncia?

TEILHARD DE CHARDIN

# 185. Creio em Deus... (I)

Creio em Deus e creio no homem
como a imagem de Deus.
Creio nos homens e em seu pensamento,
em seu imenso esforço,
que os faz ser o que são.
Creio na vida
como alegria e como duração,
não como empréstimo efêmero
dominado pela morte,
mas como dom definitivo.
Creio na vida
como possibilidade ilimitada
de elevação e sublimação.

P. BEVILACQUA

# 186. Creio em Deus... (II)

Creio na alegria,
na alegria de toda estação,
de toda etapa, de toda aurora,
de todo ocaso, de todo rosto,
de todo raio de luz
que parte do cérebro, dos sentidos
e do coração.
Creio na possibilidade
de uma grande família humana,
como Cristo a desejou:
troca de todos os bens de espírito
e das mãos em paz.
Creio em mim mesmo,
na capacidade que Deus me conferiu
para que possa experimentar
a maior das alegrias,
que é doar e doar-se.

P. BEVILACQUA

# 187. Oração de São Francisco de Assis

Senhor, fazei de mim
um instrumento de vossa paz,
onde houver ódio, que eu leve o amor,
onde houver ofensa,
que eu leve o perdão,
onde houver discórdia,
que eu leve a união
onde houver duvida,
que eu leve a fé,
onde houver erro,
que eu leve a verdade,
onde houver desespero,
que eu leve a esperança,

onde houver tristeza,
que eu leve a alegria,
onde houver trevas,
que eu leve a luz.
Ó Mestre,
fazei que eu procure mais
consolar que ser consolado,
compreender que ser compreendido,
amar que ser amado.
Pois é dando que se recebe,
é perdoando que se é perdoado,
e é morrendo que se vive
para a vida eterna.

# Despedida

Amigo, é chegada a hora
de nos despedirmos.
Espero que esta voz companheira
o tenha reconfortado,
levando-o a conversar com si mesmo.
Conosco se dá o mesmo
que com outras pessoas.
Dois amigos podem se tornar
estranhos um ao outro,
quando deixam de falar,
de exprimir uma emoção,
de comunicar-se.

Isso pode acontecer com todos.
Se, por medo ou por descuido,
deixamos de ouvir a nós mesmos
nos momentos de aflição,
se perdemos o dom da fala,
nos sentimos como estranhos
e hostis a nós mesmos.
Com estas mensagens para o seu
dia a dia, tentei promover um
encontro com você mesmo.
Espero ter conseguido.
Deixo você com esta esperança.

# Índice temático
(Os números referem-se aos textos)

Aceitação: 44
Alegria: 114, 151, 152, 153, 154, 157
Amar, amor: 1, 2, 3, 4, 5, 6, 7, 8, 9, 10, 13, 14, 15, 16, 17, 19, 20, 21, 22, 23, 24, 26, 28.
Amizade: 54
Angústia: 176
Autoaceitação: 44
Bem: 146
Bíblia: 80
Caminho: 76
Compromisso: 136
Conversão: 66, 67, 69
Coração: 103
Cortesia: 166

Cotidiano: 169
Cristão, cristianismo: 179, 184
Cristo, Jesus: 55, 58, 59, 60, 61, 84, 108, 120, 121
Cruz: 70, 71
Cumplicidade: 34
Deserto: 80
Deus: 25, 93, 95, 97, 98, 99, 100, 101, 102, 103, 104, 105, 106, 107, 109, 110, 111, 112, 113, 118, 119, 123, 129, 132, 133
Egoísmo: 144
Esperança: 162, 177, 178, 181, 182, 183
Evangelho: 11, 12, 63, 64, 65, 74, 130
Fé: 94, 115, 116, 122, 147, 148, 185, 186
Felicidade: 156, 160
Fidelidade: 174
Fome: 11, 12
Fraternidade: 138, 139, 141

Homem e mulher: 18
Igreja: 73
Indiferença: 140
Juventude: 171, 172
Liberdade: 43, 47, 48, 49, 50, 51, 52, 53, 137
Libertação: 180
Maria: 88, 89, 90, 91, 92
Mística: 161
Morte: 126, 127, 128, 165
Mulher: 86, 87
Oração: 81, 82, 83, 117, 118, 119, 121
Paciência: 163, 164
Partilha: 60, 62, 155
Paz: 61, 149, 158, 159, 187
Pecado: 124
Perdão: 72
Perseverança: 175
Pessoa: 125, 180

Pobres, pobreza: 62, 143, 170
Prazer: 150
Progresso: 56, 57
Pureza de coração: 168
Realização: 139, 150
Sabedoria: 142
Serviço: 137
Silêncio: 79
Solidão: 77, 78
Testemunha: 75
Testemunho: 131
Trabalho: 65
Valores: 68
Verdade: 39, 40, 41, 42
Vida: 27, 29, 30, 31, 32, 33, 34, 36, 37, 38, 45, 46, 68, 85, 173, 184
Virtudes: 135